AF509093

RÉPONSE

A M. PHILOGYNE LE BON.

Par Mlle Raoul,

AUTEUR DES FRAGMENS PHILOSOPHIQUES
ET LITTÉRAIRES, etc.

Ah! M. Duval, quel scandale ceci
va faire dans Landerneau!

PARIS,

LEROUGE, Libraire, Cour du Commerce, hôtel de
Rohan, faubourg Saint-Germain;
LAURENT-BEAUPRÉ, libraire, au Palais-Royal,
galerie de bois, n°. 218.

1813.

RÉPONSE

A M. PHILOGYNE LE BON *.

MONSIEUR PHILOGYNE,

JE vous dois des remercîmens, pour l'important service que vous m'avez rendu. Vous êtes bien bon, en effet! et jamais on ne justifia mieux son nom.

Figurez-vous, monsieur Philogyne, que j'étais dans la méditation d'une brochure, dont le titre seul m'embarrassait (car vous connaissez toute l'importance d'un titre ! Il est aux brochures ce que sont les enseignes aux marchands ; il pique la curiosité, fixe l'attention, et tient assez ordinairement parole quand ce titre est de l'invention de son auteur); j'étais donc dans cette méditation, quand, par une

------

* Voyez le n° du *Mercure*, du 23 octobre.

circonstance imprévue (car tout est merveil-
leux dans mon histoire), votre article me
tombe entre les mains. Je me sens frappée d'un
trait de lumière, et je me dis : Bon ! voici mon
titre ! *Réponse à M. Philogyne le Bon*. Et, par
cette heureuse idée, je me vois dispensée du
fatigant travail de bâtir un plan, de disposer
mes moyens, de chercher un commencement,
une fin, un exorde, une péroraison et toutes
ces nécessités et tous ces lieux communs ora-
toires qui font le tourment des auteurs, des
prosateurs, des orateurs, enfin de tout le peu-
ple du Pinde, du Mont-Sacré et de l'auguste
Capitole. Je me bornerai donc à vous suivre,
période à période, et sans autre souci que de
m'abandonner à mes inspirations : ce que j'aime assez. Convenez, M. Philogyne, que vous
m'avez rendu-là un grand service. Aussi, en
reconnaissance, je vous traiterai avec toute la
politesse, toute la décence et tous les égards
qu'il mérite.

Mon livre, dites-vous, semble avoir été
composé, pour les menus plaisirs des journa-
listes. Comme ils vont s'égayer, ajoutez vous,
aux dépens de l'auteur des *Fragmens* ! Cela est
possible, M. Philogyne, mais il arrivera ici
ce que nous apprend le proverbe que : *Rira*

miaux qui rira le dernier. Si dans l'énumération de mes ouvrages, à la vérité assez peu connus jusqu'ici, mais desquels il en sera peut-être ainsi que de ces trésors enfouis qu'une circonstance imprévue fait tout-à-coup découvrir; si, dis-je, j'ai cru devoir compter ma *Sapho inédite*, c'était par le double motif de lui procurer peut-être, à l'aide de *ma célébrité*, l'honneur de se produire sur le théâtre auquel je la destine, et de prendre date de son existence, ce qui me paraissait surtout très-important, M. Philogyne, vu que *chat échaudé craint l'eau froide.*

. Mademoiselle Raoul aime la guerre, dites-vous (en effet, j'ai l'humeur assez belliqueuse); et nous compterons dans l'empire des lettres une héroïne de plus. Bien mieux , monsieur Philogyne , on comptera une héroïne triomphante, ce qui n'arrive pas toujours.

« *La plupart de ces Fragmens,* dit-elle, *dans* « *sa préface, étaient depuis long - temps ou-* « *bliés au fond d'un secrétaire , où je les ai* « *trouvés d'une manière extraordinaire, dont* « *peut-être quelque jour je ferai part au lec-* « *teur.* » Pardon, si je répète vos paroles, mais cela me paraît nécessaire, attendu que si votre journal ne garde pas toujours le *tacet*, il se

montre du moins enveloppé de si épais brouil-
lards qu'à peine on l'aperçoit, et il est de mon
intérêt à moi que toutes vos paroles paraissent
au grand jour.

« *Voilà*, continuez-vous, *ce qui s'appelle con-
« naître le cœur humain. Mademoiselle Raoul
« était bien sûre, en écrivant cette phrase,
« qu'elle exciterait au plus haut degré la cu-
« riosité publique. Chacun se demandera: Com-
« ment a-t-elle pu trouver ces précieux* FRAG-
« MENS*? Quel jour, à quelle heure, s'est faite
« cette importante découverte ? Patience, mes-
« sieurs, vous le saurez un jour : mademoi-
« selle Raoul l'a promis solennellement.* « Oui,
M. Philogyne, et je vais remplir ma promesse.

Sans vouloir me montrer ici comme une héroïne de roman, je dirai ce que savent tous
ceux qui me connaissent, que, depuis long-
temps, en butte à une série de malheurs peut-
être sans exemple, il y a quatre mois, j'y vis
mettre le comble par la mort imprévue d'une
nièce que j'adorais, d'une orpheline confiée à
ma tendresse et à ma protection. Accablée de
ce nouveau malheur, je voulus terminer enfin
une vie si cruellement traversée ; et, pendant
trois jours, je me refusai toute espèce d'ali-
mens, excepté les instans où j'étais forcée

d'apaiser les impérieux besoins de la nature, par quelques miettes de pain trempées de mes larmes! Voyez, M. Philogyne, voyez quel temps vous avez choisi pour m'adresser vos indécentes plaisanteries ; plaisanteries, en effet, dignes d'être les inscriptions d'un tombeau! Cependant, vous n'ignoriez pas que j'étais prosternée aux pieds de ce tombeau, car le dernier morceau de mon recueil est une élégie sur ce douloureux événement. Il est fâcheux que votre article n'ait point paru quelques mois plus tard, je vous aurais fourni d'excellens traits de plaisanteries anatomiques, puisées dans la dissection d'un cadavre. Je vous disais donc, que lasse de la vie et dévorant la mort, que l'inanition et la faim n'amenaient pas assez tôt à mon gré, et qui d'ailleurs me paraissaient un supplice trop cruel, j'en voulus hâter la fin. Et ce qui arrive assez ordinairement en pareil cas, lorsqu'on a de la tête, j'eus l'idée de faire la visite de mon secrétaire ; non dans la crainte d'y laisser des monumens flétrissans, M. Philogyne, mais parce qu'enfin on ne veut pas mettre toute la terre dans sa confidence. En cherchant, je trouve un manuscrit, où je reconnais mon écriture. Qu'est-ce donc que ceci? me dis-je. Je me rappelle qu'en effet autrefois j'ai écrit plusieurs choses dans ce cahier : et par une curiosité très-naturelle, j'eus l'idée de le parcourir. En l'ouvrant, je tombe sur le conte intitulé : *Là vertu triomphant de la force* ; et vous savez, M. Philogyne, si par hasard vous l'avez lu, ce que je ne garantirais pas, car vous n'aviez qu'un but en parcourant ma brochure et sûrement vous êtes allé droit au fait ; vous savez donc, ou vous ne savez pas, que les trois héros de ce conte, fort malheureux aussi, forment le projet d'aller mourir ensemble. La gaîté du commencement (qu'on me pardonne si je parle ainsi d'un morceau que j'ai fait), sa gaîté, dis-je, me fit sourire, et les raisonnemens assez concluans du poltron firent impression sur mon esprit, je sentis ma résolution s'ébranler, et je me dis comme lui : Essaie encore de livrer un combat au sort, tu seras toujours à temps d'en venir là. Publie ces fragmens. Ils feront bruit. Qui sait si leur découverte n'est pas un instrument employé par la providence pour te sauver la vie, et amener un changement dans tes destinées. Je suis un peu romanesque, M. Philogyne, j'en conviens. Je m'abandonnai donc à des illusions qui, cette fois, n'ont pas été entièrement déçues, car vous conviendrez que je ne me suis pas trompée sur l'un des effets de ces Fragmens.

Mais je vois que je serais ennuyeuse et monotone, en vous suivant ainsi pas à pas ; et, tout calculé, je préfère vous combattre par sauts et par bonds. Je prendrai un trait ici, un trait là ; peut-être même en prendrai-je ailleurs que chez vous, car je suis de la faction des indépendans et je m'approprie tout ce qui me plaît. Qu'importe ? pourvu que j'arrive à mon but ; pourvu que je renverse tous les obstacles qu'on m'oppose, et qu'en véritable héroïne de roman, qui commence par les traverses et finit par le triomphe, je vous fasse mordre la poussière, et ceci ne sera pas un roman, M. Philogyne, je vous le promets : ce sera l'histoire la plus authentique, la plus complette qui jamais exerça les burins de Clio.

Je ne m'arrêterai pas à vos indécentes plaisanteries, qui, je vous assure, ne me fâchent nullement et qui, si je ne me trompe, vous *blesseront* plus que moi. Cependant *la vieille fille* me tient au cœur. Mais c'est le ton du parti. Depuis deux mois tous les amis de votre client prônent *qu'une vieille demoiselle, une folle* prétend prouver qu'il lui a pris le sujet de sa pièce, et ces propos-ci montrent bien l'igno-

rance de M. Duval, car M. Duval n'était pas
dans la confidence de ses amis; à telles enseignes qu'avant que ma brochure parût, M. Duval croyant m'intimider à l'aide de mon frère,
vint parler à celui-ci, et que ne le trouvant pas
aussi bien disposé qu'il l'espérait, il finit par
déclarer fièrement qu'il ferait jouer ma pièce;
droit sur lequel mon frère lui montra quelques doutes.

Qu'on se figure donc la surprise, la stupé-
faction que dut éprouver M. Duval quand,
tout-à-coup, *il apprend par un article du
Journal de l'Empire, qu'une demoiselle Raoul
a l'impudence, l'audace de l'accuser lui,* Alexan-
dre Duval, homme plein d'honneur et de pro-
bité, tout le monde le sait, de lui avoir dé-
robé le sujet de sa pièce. Comment la calomnie
osa-t-elle jamais flétrir une si belle vie! Ah!
M. Duval, vous êtes réellement intéressant :
c'est l'innocence persécutée.

Par une suite de la liberté que je me suis ad-
ministrée, je relèverai un des traits victorieux
de la tactique de votre parti, M. Philogyne.
Ayant lu dans le *Journal de l'Empire* la spiri-
tuelle et noble lettre de votre client, j'entrai
dans une sainte fureur comme vous savez et
je décochai mon poulet. Le chef du journal,

connaissant les us et coutumes, en fit faire deux copies qu'il envoya à la *Gazette de France* et au *Journal de Paris*. Aussitôt s'élève un cri séditieux, mais cri de conviction, cri de la conscience : voyez-vous, messieurs ! voyez-vous le complot ! sur trois lettres, une seule est de l'écriture de mademoiselle Raoul. Dites après cela qu'il n'y a pas connivence ! et au milieu de tout ce tintamarre, la pauvre vieille fille, tapie dans son coin, et aussi isolée que vieille fille doit l'être, apprenant, par hasard, que sa lettre est insérée dans les journaux , s'écrie naïvement : c'est singulier ! je ne l'avais envoyée qu'au *Journal de l'Empire*. Il fallait bien que cela fût ainsi, lui répond on, puisque celle de M. Duval était dans les autres. Comment elle était dans tous les journaux ! Je croyais, moi, qu'elle n'existait que dans le *Journal de l'Empire*, étant une réponse à son article. Ceci n'est pas fin, j'en conviens, M. Philogyne ; mais voyez-vous, j'ai toute l'ignorance, toute la candeur, toute la bonhomie d'une villageoise arrivée par le coche. J'irai me former à votre école, et là, j'apprendrai tous les tours du métier. Je saurai comment on jette *adroitement* le ridicule sur l'individu qu'on ne peut vaincre par le raisonnement ;

je puiserai à la source de ces froides et plates plaisanteries , de ces injures grossières , armes très-dignes de votre noble arsenal ; j'aurai sur-tout soin de me tenir bravement derrière la toile, tandis que mes vaillans chevaliers pour-fendront à outrance les *Pekins* qui oseront m'attaquer.

Vous prétendez, M. Philogyne, qu'il existe un parti contre votre client , et je vous sais gré de douter que je sois l'instrument de ce parti. A la vérité, ce doute ne m'est pas très-favorable , car il vous conduit à la très-sage et très-décente conclusion que je suis assez folle pour pouvoir marcher seule. Eh bien ! tenez , je suis si bizarre que je vous pardonne en faveur de ce trait. Car il en résulte que , si vous avez une mince opinion de ma raison , vous en avez , du moins , une très - haute de mon courage, et ceci ne peut que flatter une reine des Amazones , titre dont vous voulez bien m'honorer. Voyez pourtant quel heureux concours de circonstances ! il faut qu'à l'ins-tant où un parti se trouve monté, j'arrive là comme par enchantement ! j'appuie le parti , le parti m'appuie ; et l'un portant l'autre, nous ar-rivons lui à son but, moi à la célébrité : c'est charmant ! Mais s'il existe un parti, ce parti a un fondement, par la raison fort simple, qu'il n'est pas d'effet sans cause, vous le savez, M. Philogyne, vous qui êtes un logicien profond. Quelle est donc la cause de cet effet? La vengeance? Mais la vengeance suppose l'injure; et l'injure.... Ah! M. Philogyne, *j'ai mal* à la conscience *de votre client* *.

Vous avez raison, il existe un parti au *Journal de l'Empire.* Il y a mieux; c'est qu'il n'en existe que là. Et je vais le prouver.

Décidée à poursuivre et à terminer enfin cette affaire, j'allai l'autre matin à tous les journaux, pour prier de vouloir bien en rendre compte. Je ne sais pourquoi j'eus l'idée de commencer par le *Moniteur*: cette idée était peut-être l'instinct de la considération que doit avoir le jour-

* Pour mettre dans la confidence de ce trait ceux qui pourraient n'y pas être, on saura que M. Duval, en rétour du service que lui rendit l'auteur des *Deux Gendres*, en empêchant l'insertion de ma lettre, quand la petite disgrâce de celui-ci éclata, n'eut rien de plus pressé que de faire jouer *Connaxa* sur son théâtre, et qu'avec tout le zèle d'un cœur reconnaissant, il fit passer la nuit à ses acteurs, afin qu'ils sussent plus tôt leurs rôles. Je pourrais ajouter d'autres détails, mais M. Duval s'écrierait encore : Voyez si mademoiselle Raoul n'est pas l'instrument d'un parti! Oui, M. Duval, je suis en effet un instrument de vengeance, mais de vengeance divine.

nal du Gouvernement. Le directeur n'y était pas encore, et, ne trouvant qu'un garçon de bureau, je demandai plume et papier, afin de lui présenter ma requête. J'en avais tracé quelques mots quand la porte s'ouvre, et je vois paraître M. Sauvau, qui me salue très-poliment et me conduit à un fauteuil. « Monsieur, (la voix bien émue ainsi qu'il m'est ordinaire quand je fais une démarche d'éclat et à laquelle je suis intéressée) « Monsieur, je viens « vous prier de vouloir bien faire rendre « compte de mes Fragmens. — Ah ! c'est ma- « demoiselle Raoul, sœur de M. Raoul, avocat « au Conseil, et que je considère beaucoup.— « Oui, monsieur, je suis en effet sa sœur. Mon- « sieur, je voudrais bien qu'on fît l'annonce « de mes Fragmens. Il est de mon intérêt de « donner la plus grande publicité à cette affaire. « — Ah ! vous parlez de votre pièce. Ah ! ah ! « ah ! vraiment, c'est d'un ridicule ! Réelle- « ment, je ne sais où vous avez pris cette idée. « Allons, madame, allons, de bonne foi, con- « venez qu'il n'y a pas l'ombre de vraisem- « blance. — Je vois, monsieur, que je parle à « un ami de M. Duval. — Moi, madame ? point « du tout, je vous dis mon opinion. — Mon- « sieur, ce ne sera peut-être pas l'opinion gé-

« nérale. — Pardonnez-moi, madame, c'est
« celle de tous les gens de lettres. — Enfin,
« monsieur, opinion à part, voudrez-vous
« bien faire insérer un article ? — Mais, ma-
« dame, mon jugement ne vous serait pas fa-
« vorable. — Eh bien, monsieur, donnez un
« jugement contraire. — Non, madame, non,
« ces choses-là ne sont nullement du ressort de
« mon journal. » Ah ! que n'est-il possible de
peindre les sons de la parole ! on sentirait, on
comprendrait, on entendrait le sautillant, pincé,
musqué, tiré, monsieur Sauvau, tout en trot-
tant, me conduire à la porte.

*Il y a de l'oignon, M. Philogyne, il y a
de l'oignon !*

Le cœur déchiré, les yeux gros de larmes,
je cours à la *Gazette de France* et au *Journal
de Paris ;* là, je fus accueillie avec toute la
politesse, toute la décence, tous les égards que
des âmes nobles savent accorder au malheur.
On me répondit avec complaisance, on me
parla avec bonté, sans cependant me laisser
en rien pressentir les jugemens. Peut-être ils
ne me seront pas favorables, mais ils seront du
moins, je n'en doute pas, énoncés avec décence.

A présent, M. Philogyne, je mets le grapin

sur vous, et je ne vous quitte que quand je
vous aurai donné le coup de grâce.

Il est vrai, dites-vous, qu'un mot est le
même dans les deux pièces. Un mot, M. Philogyne! Vous ne trouvez que ce *sauve qui
peut*? et celui-ci:

Eh! mais vous devenez tout-à-fait raisonneuse.

Mademoiselle la raisonneuse, vos dissertations me fa-
tiguent.

Et celui-ci encore:

On me craint: aussitôt que j'entre à la maison,
Je vois fuir vos valets, et Charle et votre fille;

Car, dans cette maison, c'est à qui me fuira: on voudrait
que j'en fusse toujours dehors.

Et cet autre:

Il est vrai: dans ces lieux vous portez la terreur;
A vous craindre, monsieur, vous contraignez le cœur,
Et ceux qu'à vous aimer destina la naissance,
D'un père rigoureux évitent la présence;
Ils savent qu'une erreur, sur le plus simple objet,
D'un courroux violent peut exciter l'effet.
Vous ne pardonnez rien à la fougue de l'âge;
Leur gaîté vous attriste, et leur jeu vous outrage;
Et s'ils n'ont pas pour vous un esprit confiant,
C'est que jamais pour eux vous n'êtes indulgent.
Qu'arrive-t-il de là? Par crainte de leur père,
Vos enfans de leurs goûts vous ont fait un mystère,

Et tremblant d'encourir votre sévérité,
Pour des torts très-légers blessent la vérité.

Aussi *qu'en est-il arrivé ?* qu'en traitant avec trop de rigueur des erreurs de jeunesse, qu'il faut distinguer d'avec des fautes graves, vous avez repoussé la confiance, anéanti l'attachement, et à force de vous craindre, ils ont cessé de vous chérir. Certains qu'une étourderie serait punie aussi sévèrement que de grands torts, ils n'ont pas évité ceux-ci quand ils ont cru leur trouver une excuse, et la jeunesse en voit toujours; perdant, par votre faute, le seul guide qu'ils eussent, ils ont donné dans tous les travers, et en pleurant leur mort......

Convenez, M. Philogyne, que voici un mot bien heureux. Il ressemble à ces planètes qui se montrent toujours accompagnées de leurs satellites. Ceux qui le suivent n'ont pas un cortége aussi brillant, mais ils seraient encore assez bien accompagnés pour avoir l'air de bons bourgeois, bien étoffés, bien approvisionnés, et qui ne craignent pas la disette.

Eh bien! M. Philogyne, êtes-vous convaincu? Pas encore; je vois qu'il vous reste du doute. Tenez, je suis bonne princesse, et je vous tirerai d'incertitude, en vous produisant d'abord mon premier manuscrit, qui, écrit dans *mon endroit*, offre tous les caractères de vétusté qui peuvent constater son antériorité : tranches fumées , écriture jaunie , froissures , morcelures ; enfin tout ce qui constitue un chiffon depuis quinze ans oublié au fond d'un secrétaire ; plus, un certificat visé , signé, scellé de ma municipalité, lequel prouve que moi, Fanny Raoul, je m'avisai un jour de fabriquer cette pièce à Saint-Pol-de-Léon , département du Finistère , pour me donner le petit plaisir de venir à Paris disputer la sienne à M. Duval.

Allons, M. Philogyne, il faut que votre client s'exécute ; ou faute de comparoir, il sera jugé par contumace ; et tout pesé, tout calculé, tout examiné, arrêt de la Cour innocentera la demoiselle Raoul du crime de calomnie, et l'autorisera à poursuivre le délinquant devant qui il appartiendra. Mais tenez , je suis généreuse ; et quand j'ai vaincu mon ennemi, je lui pardonne. Que le ciel conduise votre client ainsi que sa pièce ; moi, je me retire avec la mienne. Dieu protége la veuve et l'orphelin. Quelque jour , peut-être ce pauvre enfant-là recouvrera son droit de bourgeoisie , dont il fut inhumainement dépouillé. Et s'il ne peut obtenir cet honneur, il aura du moins la satisfaction de dire à son rival : Tu es un intrus arrivé ici, Dieu sait comment, et quoiqu'aussi gourmand qu'Esaü,

je ne t'ai sûrement pas vendu mon droit d'aî-
nesse pour un plat de lentilles.

———

Je crois devoir publier ici la lettre qu'on n'a
point insérée au *Journal de l'Empire*. Elle in-
téresse des personnes outragées, auxquélles je
dois cette réparation.

SECONDE LETTRE À M. DUVAL.

Eh bien! monsieur, vous gardez le silence?
Depuis quatre jours je vous attends; j'ai cru
devoir garder le *voir venir*, non par prudence,
M. Duval, mais parce qu'il me semblait que
vous répondriez à ma réponse, et qu'il conve-
nait de vous en laisser le temps. Vous l'avez eu
de reste, et ne sachant que penser de ce silence; je prends le parti que l'honneur m'or-
donne. Ce n'est pas ici un jeu d'enfans, monsieur, c'est un combat à mort : il faut qu'un de
nous deux tombe sous le coup. Vous avez voulu
me flétrir au tribunal de l'opinion, et c'est au
tribunal de l'opinion que je dois me réhabiliter.
Je demande donc un jugement, parce qu'enfin
il en faut porter un dans cette affaire. Si les

choses restaient dans cet état, aucun de nous
ne saurait à quoi s'en tenir, et il arriverait peut-
être, ce qu'on voit souvent, que les deux partis
chanteraient la victoire; le public flotterait entre
nous deux, et justement blessé d'avoir été pris
pour jouet, nous mépriserait également. Si je
vous accusai sans fondement, j'en dois porter
la peine; et si vous êtes innocent, vous devez
triompher : rien de plus juste. Si vous perdez,
il vous restera encore un dédommagement dans
la supériorité de votre pièce : en cela, plus heureux que moi, qui, en succombant, perdrai à
la fois et l'honneur et la gloire.

Mais mon intérêt ne doit pas seul m'occuper
dans cette affaire. Cause très-innocente de l'o-
dieux soupçon que vous vous efforcez de ré-
pandre, je dois à l'honneur, à la vérité, de
justifier les deux personnes que vous cherchez
à flétrir. Et ceci est encore un effet de votre
mauvaise conscience, monsieur; si elle ne vous
reprochait pas votre ingratitude, vous ne sup-
poseriez pas l'intention de s'en venger.

Si le *Journal de l'Empire* a le premier rendu
compte de cette affaire, en voici la cause.

Quand ma brochure fut envoyée à tous les
Journaux, j'eus l'idée d'adresser une lettre au

chef de ce Journal , afin de le prier d'en faire rendre compte. Pourquoi plutôt au *Journal de l'Empire* qu'à un autre , direz-vous ? Mon dieu , parce que (j'en demande pardon aux autres Journaux, qu'assurément je n'ai pas l'intention de blesser et pour lesquels j'ai d'ailleurs toute l'estime qu'ils méritent), parce qu'enfin celui-ci tient le premier rang. C'est un préjugé peut-être , mais ce préjugé existe et l'on peut pardonner à une femme d'y avoir cédé. Je crus donc important de m'assurer ce levier de l'opinion. Et il entrait si peu d'*intrigue* dans cette démarche , que je ne rappelai pas même à M...... que j'avais l'honneur de le connaître , à la vérité très-imparfaitement. En un mot , ce n'était pas à lui, mais au chef du Journal que j'écrivais. Un mois s'étant écoulé sans que j'entendisse parler de rien , je m'inquiétai, m'impatientai en femme , et j'écrivis de nouveau à M...... Cette fois , je lui donnai mon adresse ; il me répondit : la politesse l'exigeait. Sa lettre est très-noble et ne pourrait que lui faire honneur, si je la produisais. Il me disait ne pouvoir prendre aucune part à cette affaire , parce qu'ayant à se plaindre de l'homme que j'attaquais, on pourrait le soupçonner d'exercer une vengeance. Et pour s'excuser des lenteurs dont je me plaignais, il me nommait M. Dussault qui, chargé du rapport de ma brochure, pouvait seul me satisfaire sur la célérité que je désirais. J'allai voir M. Dussault, que je n'avais pas l'honneur de connaître, mais que je veux me faire celui de compter désormais au rang de mes amis. Il me reçut avec cette politesse dont tout homme honnête se fait un devoir envers les femmes. Monsieur, lui dis-je, je ne viens pas pour chercher à influencer votre opinion, mais pour vous prier de *m'expédier* promptement. Il le promit et tint parole. Son article nous fut également favorable. Il renfermait toute la décence, toute la délicatesse que vous pouviez désirer, et toute l'indulgence dont j'avais besoin. Voilà, monsieur, l'historique fidèle de ce *complot*, de ce *parti* dont vous voulez me faire passer pour l'instrument : rôle si plat et si sot, que quiconque me connaît ne me croira sûrement disposée à le jouer.

J'ai cru devoir cette explication au public que je respecte; elle est à la fois la justification de ces messieurs et la mienne.

A présent, monsieur, l'opinion prononcera. Les pièces du procès sont entre les mains de tout le monde. J'attaque au grand jour; il n'est pas dans mon caractère de porter mes coups dans l'ombre : quels que soient ceux que vous me destinez, je ne reculerai pas ; et si je ne puis les parer entièrement, j'espère du moins n'y pas succomber.

FANNY RAOUL.

FIN.

DE L'IMPRIMERIE D'ADRIEN ÉGRON,
RUE DES NOYERS, N° 37.

9 782329 629230